I0446756

Comunicación Efectiva en Organizaciones Modernas.

Del caos a la claridad.

Guía práctica para crear valor en el liderazgo y en las organizaciones.

Leadership Evolves

by Max H Lucca

Editor and content creator: Max H. Lucca
Cover and interior design: Max H Lucca
Hoja de ruta del autor: www.linkedin.com/in/maxilucca
Contacto/ Sugerencias/ Telegram @maxhlucca
Softcover- book ISBN: 9798866943661

CONTENIDO

Prólogo

Introducción
- Presentación del propósito del libro.
- Importancia de la comunicación en las organizaciones contemporáneas.
- Visión general de la estructura del libro.

CAPITULO 1
Fundamentos de la Comunicación Empresarial
- Definición y relevancia de la comunicación en el entorno empresarial.
- Elementos clave de la comunicación organizacional.
- En definitiva

CAPITULO 2
Medición y Evaluación de la Comunicación
- Métodos para medir la efectividad de la comunicación interna y externa.
- Herramientas tecnológicas para el análisis de datos de comunicación.
- Casos de estudio sobre la mejora de la comunicación a través de la medición.

CAPITULO 3
Comunicación Positiva y Negativa: Impacto y Estrategias
- Comunicación Positiva: Prácticas Claves y Desarrollo
- Abordaje de la comunicación negativa y su mitigación.
- Construcción de una cultura de comunicación saludable en la organización.

CAPITULO 4

Comunicación para el Desarrollo Humano y la Cultura Organizacional

- La comunicación como impulsora del compromiso de los empleados.
- Estrategias de liderazgo basadas en la comunicación efectiva.
- Formación y desarrollo de habilidades de comunicación para el crecimiento profesional.

CAPITULO 5

Comunicación Estratégica para el Desarrollo de Productos

- Integración de equipos interdisciplinarios mediante una comunicación eficiente.
- Comunicación en la cadena de suministro y ciclo de vida del producto.
- Ejemplos de casos exitosos de comunicación en el desarrollo de productos.

CAPITULO 6

- Estrategias de comunicación en línea con los objetivos organizacionales.
- Uso de la comunicación para fomentar la alineación de equipos y departamentos.
- Evaluación de resultados y adaptación continua de estrategias de comunicación.

CAPITULO 7

Comunicación en el Futuro: Tendencias y Desafíos

- Tendencias emergentes en comunicación empresarial (tecnológicas, culturales, etc.).
- Desafíos anticipados y cómo las organizaciones pueden prepararse.
- La evolución continua de la comunicación en el mundo empresarial.

Conclusión:

- Resumen de los puntos clave discutidos en el libro.
- Énfasis en la importancia de la comunicación efectiva en el éxito empresarial.
- Invitación a la acción y a la implementación de estrategias de comunicación.

Acerca del autor

Bibliografía

Prólogo

En el tejido complejo de las organizaciones modernas, la comunicación es el hilo conductor que conecta a cada rincón, cada mente y máquina. En esta era de información digitalizada y constante evolución, la comunicación se erige como el pilar fundamental de la eficiencia y el éxito empresarial. Pero, ¿qué entendemos por comunicación en este contexto? ¿Cómo podemos medirla y comprender su impacto en las organizaciones? ¿Qué diferencias existen entre una comunicación que nutre y una que debilita? ¿Cuál es su papel en el desarrollo humano y en el desarrollo de productos? ¿Y cómo se traduce en la consecución de objetivos claros?

Este libro, *"La comunicación dentro de la organización moderna,"* tiene como objetivo responder a estas preguntas y explorar los múltiples aspectos de la comunicación empresarial en el siglo XXI. A lo largo de estas páginas, desentrañaremos conceptos clave, descubriremos cómo medir la eficacia de la comunicación y exploramos los matices que distinguen una comunicación positiva de una negativa. Pero más allá de los aspectos técnicos, nos aventuramos en el terreno de la comunicación como catalizador del entendimiento tanto en el desarrollo humano como en el desarrollo de productos.

La comunicación, en su esencia, es un vínculo humano. Es el medio a través del cual las ideas toman forma, las visiones se comparten y los objetivos se alcanzan. En el ámbito del desarrollo humano, la comunicación efectiva puede inspirar a los empleados, fomentar la colaboración y elevar el compromiso. En el desarrollo de productos, la comunicación fluida entre equipos puede acelerar la innovación y la entrega de soluciones que resuelvan problemas reales. Pero no menos importante, la comunicación se convierte en una herramienta esencial para cumplir con objetivos claros. Cuando todos los miembros de una organización están alineados en su comprensión y propósito, los resultados se vuelven tangibles y alcanzables.

A lo largo de este viaje, también exploraremos otros beneficios de la comunicación empresarial, como la creación de una cultura organizacional sólida, la gestión eficaz de crisis, la adaptación ágil a los cambios del entorno y la construcción de relaciones sólidas con los stakeholders.

En definitiva, "La comunicación dentro de la organización moderna" es un faro que ilumina el camino hacia la excelencia empresarial en un mundo cada vez más interconectado y dinámico. Estas páginas están diseñadas para aquellos que buscan entender, mejorar y aprovechar la comunicación como una herramienta estratégica para el éxito. ¡Bienvenidos a un viaje que transformará la forma en que ven y practican la comunicación en su organización!

Presentación del propósito del libro.

En un mundo en constante evolución, donde la información fluye a través de redes digitales y las organizaciones modernas navegan por mares turbulentos de competencia global, la comunicación se erige como el corazón palpitante de toda empresa. Este libro, "**Comunicación Efectiva en Organizaciones Modernas: Del Caos a la Claridad,**" tiene como objetivo ser una brújula confiable para aquellos que desean comprender, mejorar y dominar la comunicación en el entorno empresarial del siglo XXI.

La comunicación empresarial es mucho más que palabras intercambiadas; es la fuerza vital que impulsa la colaboración, la innovación y el logro de objetivos. Abarca desde la forma en que los líderes inspiran a sus equipos hasta cómo se transmiten las ideas y valores de la empresa a clientes y socios. En un contexto donde la información es abundante pero la comprensión es frágil, una comunicación efectiva es el puente que conecta las aspiraciones de la organización con la realidad.

Importancia de la comunicación en las organizaciones contemporáneas.

La importancia de la comunicación en el mundo empresarial contemporáneo no puede ser subestimada. En un entorno caracterizado por la velocidad del cambio, la diversidad de culturas y la necesidad de tomar decisiones informadas, la comunicación se convierte en el cemento que mantiene unidos los cimientos de una organización. Las empresas que dominan la comunicación prosperan, mientras que las que la descuidan se enfrentan a desafíos cada vez mayores.

La comunicación efectiva se traduce en equipos más cohesionados, empleados más comprometidos y clientes más leales. Permite a las organizaciones adaptarse rápidamente a nuevas realidades y superar obstáculos con agilidad. Además, la comunicación estratégica puede impulsar la innovación, la creatividad y la toma de decisiones informadas, todos elementos cruciales para el éxito empresarial.

Visión general de la estructura del libro.
Este libro está diseñado para ser una herramienta práctica y accesible para quienes buscan comprender y mejorar la comunicación en sus organizaciones. A lo largo de sus páginas, exploraremos los fundamentos de la comunicación empresarial, aprenderemos a medirla y evaluarla, y descubriremos estrategias para fomentar una cultura de comunicación saludable. También abordaremos cómo la comunicación puede impulsar el desarrollo humano y el éxito en el desarrollo de productos. Al final del viaje, exploraremos las tendencias y desafíos futuros en el mundo de la comunicación empresarial.

Cada capítulo de este libro se enfoca en aspectos

específicos de la comunicación organizacional, proporcionando ejemplos, consejos prácticos y casos de estudio para ilustrar y profundizar en cada tema. Al leer este libro, estarás armado con el conocimiento y las herramientas necesarias para transformar la comunicación en tu organización de un caos confuso a una claridad estratégica.

"La comunicación efectiva en las organizaciones no solo es un medio para transmitir información, es el cimiento sobre el cual se construyen relaciones sólidas, se toman decisiones acertadas y se alcanzan los objetivos empresariales."

¡Bienvenidos a un viaje de descubrimiento y mejora continua!

.

Capítulo 1

Fundamentos de la Comunicación Empresarial.

La comunicación es el latido vital de cualquier organización moderna. En este capítulo, exploraremos los fundamentos de la comunicación empresarial, su definición, su relevancia en el mundo empresarial actual, los elementos clave que la componen y los modelos de comunicación que pueden ayudarnos a comprenderla mejor.

Definición y Relevancia de la Comunicación en el Entorno Empresarial

La comunicación empresarial desempeña un papel crítico en el funcionamiento y el éxito de las organizaciones modernas. Para comprender su relevancia y alcance, es esencial profundizar en su definición y en cómo influye en múltiples aspectos de la vida empresarial.

Definición de la Comunicación Empresarial:

La comunicación empresarial no se limita simplemente a la transmisión de palabras o mensajes escritos. Es un proceso complejo y multifacético que abarca la interacción entre personas, equipos y departamentos dentro de la organización, así como las relaciones con los diversos actores externos, como clientes, proveedores, accionistas y la comunidad en general. Se refiere al intercambio constante de información, ideas, opiniones y mensajes que fluyen a lo largo y ancho de la organización y que juegan un papel esencial en la coordinación, la colaboración y la toma de decisiones.

Relevancia de la Comunicación Empresarial:

Toma de Decisiones: En el proceso de toma de decisiones, la comunicación efectiva es fundamental. Los líderes y los equipos necesitan acceso a información precisa y oportuna para evaluar situaciones, identificar problemas y oportunidades, y definir estrategias que guíen a la organización hacia el éxito. La comunicación ineficiente o distorsionada puede dar lugar a decisiones erróneas que afecten negativamente a la empresa.

Gestión de Recursos Humanos: La comunicación es esencial en la gestión de recursos humanos. Impulsa la colaboración, la motivación y la retención del talento. La comunicación abierta y transparente fomenta un ambiente de trabajo saludable y permite a los empleados comprender mejor sus roles y responsabilidades, así como contribuir con sus ideas y feedback.

Satisfacción del Cliente: La comunicación es la columna vertebral de la relación con los clientes. La capacidad de escuchar a los clientes, comprender sus necesidades y proporcionar respuestas rápidas y adecuadas es crucial para la satisfacción del cliente. La comunicación efectiva con los clientes puede construir relaciones sólidas y fomentar la lealtad a la marca.

Logro de Objetivos Empresariales: La estrategia y los objetivos empresariales se comunican a todos los niveles de la organización. Si los empleados no comprenden claramente los objetivos y cómo contribuyen a ellos, es difícil lograr un enfoque coherente y unificado. La comunicación efectiva alinea a todos en la misma dirección y motiva a los equipos a trabajar juntos para alcanzar metas comunes.

Gestión de Crisis: En momentos de crisis, la comunicación empresarial se convierte en un salvavidas. La forma en que una organización se comunica con sus empleados, clientes, socios y el público en general durante situaciones adversas puede determinar la recuperación o el deterioro de su reputación y su estabilidad.

La comunicación empresarial es el tejido conectivo que sostiene a las organizaciones modernas. Su influencia abarca todas las facetas de la vida empresarial y su efectividad o ineficacia puede marcar la diferencia entre el éxito y el fracaso. En un mundo empresarial cada vez más complejo y competitivo, las organizaciones que priorizan y perfeccionan la comunicación empresarial están mejor posicionadas para prosperar y adaptarse a los desafíos en constante evolución.

Lo eficaz en la comunicación organizacional es esencial para optimizar el desempeño de los trabajadores y lograr una reducción de costos y tiempos, así como para alcanzar objetivos claros y estratégicos. Aquí dejo algunos elementos clave de la comunicación organizacional que pueden contribuir a estos objetivos:

Objetivos Claros y Compartidos: Asegúrate de que todos los miembros de la organización comprendan claramente los objetivos de la empresa y cómo sus roles individuales contribuyen a alcanzarlos. Cuando los empleados tienen una visión compartida de los objetivos, están más alineados y enfocados en los resultados.

Comunicación Estratégica: Diseña una estrategia de comunicación que refleje los objetivos de la organización. Alinea los mensajes con la misión y visión de la empresa, y comunica de manera coherente a través de diferentes canales.

Transparencia: Fomenta la transparencia en la comunicación. Esto implica compartir información relevante sobre el desempeño financiero, los logros y los desafíos. Cuando los empleados están informados, pueden tomar decisiones más acertadas y entender la importancia de reducir costos y tiempos.

Comunicación Bidireccional: Promueve un flujo de comunicación bidireccional. Anima a los empleados a proporcionar retroalimentación, hacer preguntas y expresar sus inquietudes. Escuchar a los trabajadores puede llevar a identificar áreas de mejora y eficiencia.

Claridad en las Expectativas: Comunica las expectativas de desempeño de manera clara y consistente. Los empleados necesitan entender lo que se espera de ellos en términos de calidad, productividad y eficiencia.

Capacitación en Habilidades de Comunicación: Ofrece capacitación en habilidades de comunicación para los líderes y empleados. Esto incluye la capacidad de comunicar ideas de manera efectiva, escuchar activamente y resolver conflictos de manera constructiva.

Utilización de Tecnología: Aprovecha la tecnología para facilitar la comunicación eficiente. Las herramientas como la intranet, aplicaciones de mensajería interna y software de gestión de proyectos pueden agilizar la colaboración y la comunicación.

Comunicación de Cambios: Cuando se implementen cambios en la organización para reducir costos o mejorar la eficiencia, comunícar de manera oportuna y explícita. Ayuda a los empleados a entender por qué se están realizando cambios y cuáles serán los beneficios.

Medición y Evaluación: Establece métricas y KPIs para evaluar el impacto de tus esfuerzos de comunicación en la reducción de costos y tiempos. Realiza seguimiento de los indicadores clave para identificar áreas de mejora y ajustar tu estrategia.

Reconocimiento y Recompensas: Reconoce y recompensa el desempeño excepcional. La comunicación efectiva puede incluir la celebración de logros y la valoración de los esfuerzos de los empleados que contribuyen a la eficiencia y la reducción de costos.

Una comunicación organizacional efectiva no solo mejora el desempeño de los trabajadores, sino que también contribuye a un ambiente de trabajo más colaborativo y enfocado en resultados. Con objetivos claros y una comunicación estratégica, una organización puede lograr una mayor eficiencia y reducción de costos de manera sostenible.

Elementos Clave de la Comunicación Organizacional.

La mejora en la comunicación interna trae consigo beneficios sustanciales para cualquier organización, ya que fomenta una mayor colaboración, alineación de objetivos y toma de decisiones informadas. Los efectos positivos incluyen una mayor eficiencia en los procesos, un ambiente de trabajo más cohesionado y empleados más comprometidos y motivados. Sin embargo, la falta de una comunicación clara y efectiva puede resultar en una serie de consecuencias negativas, como la confusión en la interpretación de tareas y objetivos, conflictos no resueltos, retrasos en proyectos y, en última instancia, la disminución de la productividad. La mala comunicación puede desviar a la organización de sus metas, generar malentendidos y erosionar la confianza entre los empleados, lo que destaca la importancia crítica de mejorar constantemente las prácticas de comunicación para evitar estos impactos perjudiciales.

En el contexto de una organización, los **emisores y receptores** pueden variar dependiendo de la situación y la jerarquía. Por ejemplo, en una reunión de alto nivel, los directivos pueden ser los emisores principales al comunicar una nueva estrategia, mientras que los empleados actúan como receptores. Sin embargo, en un proceso de retroalimentación de 360 grados, los roles pueden invertirse, y los empleados pueden convertirse en emisores al proporcionar comentarios sobre el desempeño de los directivos.

Ejemplo: En una empresa de tecnología, un empleado de nivel básico puede ser el emisor de una sugerencia para mejorar un proceso interno. La gerencia, como receptor, escucha esta idea, la evalúa y la implementa, lo que demuestra una comunicación efectiva de abajo hacia arriba que fomenta la innovación.

El mensaje es el núcleo de la comunicación y debe ser claro, relevante y adaptado al público objetivo. Esto significa que la información transmitida debe estar libre de ambigüedades y ser comprensible para quienes la reciben. En una organización, los mensajes pueden variar desde anuncios de cambios de política hasta la presentación de un nuevo producto.

Ejemplo: Cuando una empresa lanza un nuevo producto, el mensaje que envía a sus clientes debe ser claro y atractivo. Debe destacar las características clave y los beneficios del producto de manera que resuene con las necesidades de los clientes. Un mensaje inadecuado o confuso puede llevar a la falta de interés por parte de los clientes.

El canal de comunicación se refiere al medio utilizado para transmitir el mensaje. En una organización moderna, los canales pueden ser variados, incluyendo reuniones presenciales, correos electrónicos, redes sociales internas, mensajes instantáneos, entre otros. La elección del canal adecuado depende del contenido del mensaje, su urgencia y el público objetivo.

Ejemplo: Para una empresa que necesita comunicar una crisis de seguridad cibernética, el canal de comunicación podría ser una reunión presencial para garantizar que se transmita información crítica de manera confiable y se pueda responder a preguntas en tiempo real. Por otro lado, para anuncios de rutina, como recordatorios de políticas, un correo electrónico bien redactado podría ser suficiente.

La retroalimentación es esencial para verificar la comprensión y la eficacia de la comunicación. En una organización, el feedback puede venir en forma de preguntas, comentarios o evaluaciones formales. Proporciona a los emisores la oportunidad de ajustar y mejorar la comunicación según las necesidades y percepciones de los receptores.

Ejemplo: Después de una capacitación interna sobre un nuevo sistema de gestión, la empresa puede solicitar feedback a través de encuestas anónimas. Los empleados pueden expresar sus inquietudes, sugerencias y preguntas. Esta retroalimentación permite a la empresa adaptar la formación y abordar cualquier confusión o preocupación que pueda surgir.

En definitiva

Establecer un sistema de retroalimentación y revisión continua es un consejo eficaz para una organización que ya ha implementado mejoras en su comunicación interna. A través de este proceso estructurado, los empleados y líderes pueden proporcionar retroalimentación sobre las prácticas de comunicación en curso. Esto se logra mediante encuestas anónimas, sesiones de retroalimentación y grupos de enfoque, que permiten a la organización recopilar opiniones y percepciones sobre lo que ha funcionado bien y dónde se han experimentado desafíos. Además, es esencial medir métricas clave relacionadas con la satisfacción de los empleados, la eficiencia operativa y la alineación con los objetivos organizacionales. Estas métricas ayudarán a evaluar el impacto de las mejoras en la comunicación. Una vez que se hayan recopilado datos y retroalimentación, se pueden realizar ajustes y acciones correctivas en las prácticas de comunicación. Estos ajustes pueden incluir mejoras en los canales de comunicación, capacitación adicional en habilidades de comunicación y clarificación de los objetivos de la organización.

Es fundamental comunicar estos cambios a los empleados para que comprendan cómo las mejoras beneficiarán a la organización y a ellos mismos. Finalmente, este proceso debe ser continuo, con evaluaciones periódicas y ajustes regulares para garantizar que la comunicación interna siga siendo relevante y efectiva a medida que la organización evoluciona.

Capítulo 2

Medición y Evaluación de la Comunicación.

En el mundo empresarial, medir y evaluar la comunicación es esencial para garantizar que los mensajes lleguen a su audiencia de manera efectiva y generen los resultados deseados.

Numerosas organizaciones han implementado con éxito métodos de medición y evaluación de la comunicación para mejorar sus prácticas y alcanzar sus metas. A continuación, presentamos algunos ejemplos de estrategias exitosas:

Caso de Estudio 1:

Redes Sociales y Compromiso del Cliente
Una empresa de comercio electrónico utilizó herramientas de análisis de redes sociales para medir la efectividad de sus campañas en plataformas como Twitter y Facebook. Rastrearon el compromiso del cliente, la tasa de clics y las conversiones a lo largo del tiempo. Al analizar estos datos, pudieron ajustar sus mensajes y enfoques para aumentar la participación y las ventas. Como resultado, experimentaron un aumento significativo en los ingresos y la satisfacción del cliente.

Caso de Estudio 2:

Encuestas de Satisfacción del Empleado

Una organización implementó encuestas de satisfacción del empleado para medir la efectividad de su comunicación interna. Las encuestas se llevaron a cabo regularmente para evaluar cómo los empleados percibían la comunicación en la empresa. Los resultados llevaron a mejoras en la claridad de los mensajes, la implementación de canales de retroalimentación y la capacitación en habilidades de comunicación. Esta iniciativa resultó en una mayor satisfacción de los empleados, una disminución de la rotación y una mejora en la colaboración entre departamentos.

Caso de Estudio 3:

Análisis de Boletines Informativos Internos

Una empresa utilizó análisis de datos para evaluar la efectividad de su boletín informativo interno. Midieron la tasa de apertura, la tasa de clics en enlaces y el tiempo que los empleados pasaban leyendo el boletín. Basándose en esta información, ajustaron el formato, el contenido y la frecuencia de distribución. Como resultado, lograron una mayor participación y una mejor comprensión de los mensajes clave.

Estos casos de estudio ilustran cómo la medición y la evaluación de la comunicación pueden proporcionar información valiosa que permite a las organizaciones tomar decisiones informadas y mejorar su comunicación interna y externa. Al implementar técnicas de medición, las empresas pueden ajustar su estrategia de comunicación para lograr resultados más efectivos y alineados con sus objetivos organizacionales.

Métodos para Medir la Efectividad de la Comunicación Interna y Externa.

Medición de la Comunicación Interna:

a. Encuestas y Cuestionarios: Las encuestas y cuestionarios son herramientas poderosas para evaluar la efectividad de la comunicación interna. Al realizar encuestas periódicas, las organizaciones pueden recopilar información sobre la percepción y satisfacción de los empleados con respecto a la comunicación interna. Preguntas específicas pueden abordar la claridad de los mensajes, la accesibilidad de los canales de comunicación y la comprensión de los objetivos organizacionales. El análisis de las respuestas proporciona una visión detallada de las áreas que requieren mejoras.

b. Análisis de la Participación en Reuniones y Eventos: La asistencia, el compromiso y la retroalimentación en reuniones y eventos internos son indicadores importantes de la efectividad de la comunicación. Los registros de asistencia y las respuestas a las encuestas posteriores al evento pueden revelar cómo los empleados se involucran y valoran estas actividades. Por ejemplo, una alta asistencia y comentarios positivos pueden indicar que la comunicación interna está logrando sus objetivos al mantener a los empleados informados y comprometidos.

Medición de la Comunicación Externa:

a. Seguimiento de Medios Sociales: En la era de la comunicación digital, el seguimiento de medios sociales es esencial para evaluar la efectividad de la comunicación externa. Las métricas de medios sociales, como el alcance de las publicaciones, la interacción con los seguidores y las menciones de la marca, ofrecen una visión inmediata de cómo el público externo responde a los mensajes de la organización en plataformas digitales. Por ejemplo, un aumento en el número de seguidores, comentarios positivos y compartidos puede indicar una comunicación efectiva y una mayor visibilidad en línea.

b. Encuestas a Clientes y Socios Comerciales: Las organizaciones pueden recopilar valiosos comentarios de clientes y socios comerciales a través de encuestas estructuradas. Estas encuestas pueden evaluar la percepción de la marca, la calidad de la comunicación y la satisfacción con los productos o servicios. Los resultados permiten a la organización ajustar su comunicación externa y detectar oportunidades para mejorar la relación con los clientes y socios comerciales. Por ejemplo, una encuesta de satisfacción de clientes puede identificar áreas en las que se necesita una comunicación más efectiva para abordar preocupaciones o mejorar la experiencia del cliente.

En resumen, la medición de la comunicación interna y externa es esencial para evaluar la efectividad de los esfuerzos de comunicación y tomar decisiones informadas. Las herramientas como encuestas, análisis de participación en eventos y seguimiento de medios sociales proporcionan información valiosa que permite a las organizaciones mejorar sus prácticas de comunicación y fortalecer las relaciones tanto internas como externas.

Herramientas Tecnológicas para el Análisis de Datos de Comunicación.

En la era digital, las organizaciones cuentan con una variedad de herramientas tecnológicas para analizar datos de comunicación. Estas incluyen:

a. Plataformas de Analítica de Medios Sociales: En un mundo donde las redes sociales desempeñan un papel fundamental en la comunicación, las plataformas de analítica de medios sociales como Google Analytics, Hootsuite y Sprout Social son esenciales. Estas herramientas permiten a las organizaciones rastrear y analizar métricas clave de sus perfiles de redes sociales. Pueden proporcionar información detallada sobre el tráfico web que proviene de plataformas de medios sociales, la interacción de los usuarios con las publicaciones, el alcance y la demografía del público. Por ejemplo, una empresa puede usar Google Analytics para determinar cuánto tráfico recibe su sitio web desde su página de Facebook, y si los visitantes proceden de anuncios específicos en las redes sociales. Esto permite tomar decisiones informadas sobre la asignación de recursos y la optimización de estrategias de medios sociales.

b. Software de Seguimiento de Correos Electrónicos: El correo electrónico sigue siendo una herramienta de comunicación vital para las organizaciones. El software de seguimiento de correos electrónicos, como MailChimp y HubSpot, proporciona métricas detalladas sobre el rendimiento de las campañas de correo electrónico. Las tasas de apertura, las tasas de clics y las tasas de conversión son métricas críticas para evaluar la eficacia de las campañas de marketing por correo electrónico. Estos datos permiten a las organizaciones comprender cuántas personas abren y hacen clic en los correos electrónicos, y si estas acciones se traducen en acciones deseadas, como la compra de un producto o la descarga de un recurso. Esto permite una optimización continua de las estrategias de correo electrónico, lo que puede aumentar la efectividad y el retorno de la inversión en estas campañas.

c. Plataformas de Encuestas en Línea: Las encuestas son una herramienta poderosa para recopilar retroalimentación de empleados, clientes y otros grupos de interés. Plataformas como SurveyMonkey y Typeform facilitan la creación, distribución y análisis de encuestas en línea. Estas herramientas permiten a las organizaciones recopilar respuestas de manera eficiente y analizar los datos en tiempo real. Las encuestas pueden ser personalizadas para abordar temas específicos, como la satisfacción del cliente, la percepción de la marca, la efectividad de la comunicación interna y mucho más. Al analizar los resultados de las encuestas, las organizaciones pueden identificar áreas de mejora y tomar medidas para abordar las preocupaciones y optimizar sus prácticas de comunicación.

En resumen, las herramientas tecnológicas para el análisis de datos de comunicación son fundamentales para medir y evaluar la efectividad de las estrategias de comunicación.

Estas herramientas proporcionan métricas, estadísticas y análisis que permiten a las organizaciones tomar decisiones informadas y ajustar sus estrategias de comunicación para lograr un mayor impacto y eficacia en un mundo cada vez más digital y centrado en datos.

Casos de Estudio sobre la Mejora de la Comunicación a través de la Medición.

Caso de Estudio 1:

Medición para Optimizar la Comunicación Interna

Objetivo Principal: Una gran empresa de tecnología deseaba mejorar la comunicación interna entre sus diversos departamentos y oficinas globales para aumentar la colaboración y la eficiencia.

Estrategia exitosa: Comenzaron realizando encuestas regulares a sus empleados para evaluar su satisfacción y percepción de la comunicación interna. Los resultados revelaron que los empleados en diferentes oficinas sentían que no estaban lo suficientemente informados sobre los proyectos en curso en otras ubicaciones, lo que dificulta la colaboración. Para abordar este problema, la empresa implementó una intranet mejorada que permitía a los empleados compartir actualizaciones de proyectos y recursos. Además, crearon un programa de capacitación en habilidades de comunicación para los líderes de equipos.

Escalabilidad: El éxito de esta iniciativa condujo a un cambio cultural en toda la empresa. La intranet se convirtió en una plataforma central para la comunicación interna y la colaboración, y el programa de capacitación en comunicación se extendió a todas las oficinas globales. Esto no solo mejoró la comunicación interna, sino que también aceleró la toma de decisiones y la ejecución de proyectos a nivel mundial.

Caso de Estudio 2:

Medición para Evaluar la Comunicación Externa en una Startup.

Objetivo Principal: Una startup de comercio electrónico

buscaba evaluar la efectividad de su comunicación externa y su presencia en las redes sociales para aumentar las ventas y la participación del cliente.

Estrategia Exitosa: Utilizaron herramientas de análisis de redes sociales para rastrear métricas clave, como el alcance, la interacción y las menciones de la marca en plataformas como Instagram y Twitter. Descubrieron que sus publicaciones más efectivas se relacionaban con contenido generado por los usuarios, donde los clientes compartían fotos de productos. A partir de estos hallazgos, la empresa comenzó a alentar y destacar el contenido generado por los usuarios. También ajustaron su estrategia de redes sociales para incluir publicaciones más interactivas y de estilo de vida relacionadas con sus productos.

Escalabilidad: A medida que la startup implementó estos cambios, vio un aumento significativo en la participación del cliente y las ventas. La estrategia de contenido generado por el usuario se convirtió en una parte integral de su estrategia de marketing. Además, implementaron un programa de lealtad que recompensaba a los clientes por compartir contenido relacionado con la marca en las redes sociales, lo que amplificó aún más el compromiso del cliente y el alcance de la marca.

Caso de Estudio 3:

Encuestas para Mejorar la Comunicación en un Hospital.

Objetivo Principal: Un hospital quería mejorar la comunicación con los pacientes y sus familias para garantizar que estuvieran bien informados sobre los procedimientos médicos y los cuidados posteriores.

Estrategia exitosa: Implementaron encuestas regulares a los pacientes y sus familias para evaluar su percepción de la comunicación del personal médico. Los resultados revelaron que, si bien el personal médico proporcionaba información esencial, los pacientes y sus familias a menudo tenían dificultades para comprenderla debido a la terminología médica. Para abordar esto, el hospital creó materiales educativos con un lenguaje más accesible y estableció un programa de capacitación en comunicación para el personal médico.

Escalabilidad: La iniciativa condujo a una mejora significativa en la satisfacción de los pacientes y la comprensión de la información médica. Dado el éxito, el programa de capacitación en comunicación se expandió a todos los departamentos del hospital. La implementación de materiales educativos más accesibles se convirtió en una práctica estándar en el hospital, lo que mejoró la experiencia de los pacientes en general y fortaleció la confianza en el equipo médico.

Caso de Estudio 4:

Medición para Optimizar la Comunicación Interna en una Multinacional

Objetivo Principal: Una multinacional con oficinas en múltiples países deseaba mejorar la comunicación interna entre sus sucursales para fomentar la colaboración y la eficiencia en proyectos globales.

Estrategia exitosa: Implementaron una plataforma de comunicación interna basada en la nube que permitía compartir información y documentos de manera centralizada. Realizaron encuestas anuales para evaluar la satisfacción de los empleados con la plataforma y la comunicación en general. Los resultados llevaron a mejoras en la usabilidad de la plataforma y a la creación de grupos de trabajo interdepartamentales para abordar desafíos específicos. Como resultado, se mejoró la colaboración entre oficinas y la eficiencia en la ejecución de proyectos globales.

Escalabilidad: La implementación de la plataforma de comunicación interna y la práctica de encuestas anuales se convirtieron en una norma en toda la organización. A medida que la empresa creció, adaptaron la plataforma para satisfacer las necesidades cambiantes de comunicación y expandieron la participación de los empleados en grupos de trabajo interdepartamentales. Esto no solo mejoró la comunicación interna, sino que también permitió una gestión más ágil y eficiente de proyectos globales.

Caso de Estudio 5:

Medición para Evaluar la Efectividad de Campañas de Marketing

Objetivo Principal: Una empresa de alimentos buscaba evaluar la efectividad de sus campañas de marketing y publicidad para aumentar la conciencia de marca y las ventas de productos.

Estrategia Exitosa: Utilizaron software de seguimiento de campañas de marketing para rastrear métricas como tasas de clics, conversiones y retorno de inversión (ROI) para campañas publicitarias en línea y en medios tradicionales. Analizaron los datos para identificar qué campañas y canales eran más efectivos en la generación de ventas y reconocimiento de marca. Con estos hallazgos, ajustaron su presupuesto de marketing para invertir en las estrategias más exitosas y descontinuaron las menos efectivas.

Escalabilidad: A medida que la empresa aplica esta estrategia, se observó un aumento significativo en las ventas y el reconocimiento de la marca. Escalaron esta estrategia a nivel global y establecieron un equipo dedicado al análisis de datos de marketing para seguir evaluando y optimizando sus campañas. Este enfoque basado en datos permitió una toma de decisiones más precisa y un aumento constante en la efectividad de las estrategias de marketing.

Caso de Estudio 6:

Medición de la Efectividad de Comunicación en una ONG

Objetivo Principal: Una organización no gubernamental (ONG) deseaba medir la efectividad de su comunicación para involucrar a donantes y aumentar la recaudación de fondos.

Estrategia exitosa: Implementaron seguimiento de correo electrónico y métricas de donaciones en su sitio web. Analizaron la tasa de apertura de correos electrónicos, las tasas de clics en enlaces y el flujo de donaciones en respuesta a campañas de correo electrónico específicas. También realizaron encuestas a donantes para obtener retroalimentación sobre la eficacia de la comunicación y el impacto de los programas de la ONG. Con estos datos, adaptaron su estrategia de correo electrónico y crearon contenido más personalizado y relevante.

Escalabilidad: A medida que la ONG aplicaba estas estrategias, experimentó un aumento constante en la recaudación de fondos y la retención de donantes. Escalaron esta estrategia al expandir su base de donantes y utilizaron las métricas para dirigir su comunicación de manera efectiva a diferentes segmentos de donantes. La retroalimentación de los donantes continuó siendo una parte integral de su enfoque para asegurarse de que sus mensajes estuvieran alineados con los valores y expectativas de los donantes.

Caso de Estudio 7:

Medición para Evaluar la Comunicación en una Universidad.

Objetivo Principal: En esta universidad, el objetivo principal era evaluar y mejorar la efectividad de la comunicación con los estudiantes para aumentar la retención y la satisfacción de los alumnos. La alta retención estudiantil y la satisfacción de los estudiantes son indicadores críticos de éxito para cualquier institución educativa.

Estrategia exitosa: Para abordar este objetivo, la universidad implementó un enfoque basado en la medición y la retroalimentación. Cada semestre, se llevaron a cabo encuestas dirigidas a los estudiantes para evaluar su percepción de la comunicación institucional. Las encuestas incluían preguntas sobre la claridad de la información proporcionada, la accesibilidad de los canales de comunicación, la calidad de la asesoría académica y el apoyo en la transición a la vida universitaria.

Los resultados de estas encuestas se analizaron de manera exhaustiva. Se identificaron áreas de mejora y se tomaron medidas específicas para abordar los problemas detectados.

Por ejemplo, si los estudiantes expresaban que no estaban

al tanto de los recursos de apoyo académico disponibles, la universidad aumentaba la visibilidad de esos recursos a través de campañas de concienciación y correos electrónicos informativos.

Además, la universidad implementó un sistema de seguimiento de estudiantes en riesgo, identificando a aquellos que mostraban signos de desvinculación o insatisfacción. Se establecieron equipos de apoyo para ofrecer asesoría académica y emocional, asegurando que los estudiantes recibieron el apoyo necesario para superar desafíos académicos o personales.

Escalabilidad: La estrategia de medición y mejora continua se convirtió en una parte integral de la cultura de la universidad. A medida que la universidad crecía, escaló esta estrategia para satisfacer las necesidades cambiantes de los estudiantes. Incorporó métodos adicionales de comunicación, como aplicaciones móviles y redes sociales, para llegar a una base de estudiantes cada vez más diversa.

El éxito de esta estrategia se tradujo en una mejora significativa en la retención estudiantil y la satisfacción de los alumnos. Los estudiantes se sintieron más apoyados y conectados a la institución, lo que resultó en una mayor finalización de programas y una mayor lealtad hacia la universidad. Además, la universidad pudo utilizar estos datos para atraer a nuevos estudiantes y demostrar su compromiso con la mejora continua de la experiencia educativa.

Capítulo 3

Comunicación Positiva y Negativa: Impacto y Estrategias.

La forma en que una organización se comunica interna y externamente puede tener un impacto profundo en su éxito y su reputación. En este capítulo, exploraremos cómo identificar prácticas de comunicación que generan un impacto positivo y cómo abordar la comunicación negativa, además de cómo construir una cultura de comunicación saludable dentro de la organización.

Comunicación Positiva: Prácticas Claves y Desarrollo

La comunicación positiva es un elemento fundamental para el éxito de cualquier organización. Se caracteriza por su claridad, honestidad y empatía, y puede generar un impacto profundo en la moral de los empleados, la productividad y el compromiso. Aquí ampliaremos y desarrollaremos tres prácticas clave que fomentan una comunicación positiva en las organizaciones:

1. Comunicación Abierta y Transparente:
La comunicación abierta y transparente es el cimiento de una cultura organizacional saludable. Implica compartir información relevante con empleados y stakeholders de

manera honesta y sin ocultar datos importantes. Esta práctica tiene varios beneficios:

- **Fomenta la Confianza:** Cuando una organización comunica de manera abierta, demuestra que es digna de confianza. Los empleados y los stakeholders se sienten más seguros y comprometidos cuando saben que no se les está ocultando información importante.

- **Mejora la Toma de Decisiones:** La información completa y transparente permite a los líderes y empleados tomar decisiones informadas. Esto conduce a una toma de decisiones más efectiva y estratégica.

- **Alinea a la Organización:** La comunicación abierta ayuda a alinear a todos los miembros de la organización hacia metas y objetivos comunes. Cuando todos tienen acceso a la misma información, es más probable que trabajen juntos de manera efectiva.

Ejemplo

Una empresa de tecnología enfrenta un problema de seguridad cibernética. En lugar de ocultar el incidente, la dirección informa a todos los empleados sobre la situación, las medidas tomadas para abordarla y las precauciones que deben tomar. Esta transparencia fortalece la confianza de los empleados en la empresa y les permite tomar precauciones adicionales, lo que finalmente ayuda a mitigar el problema de seguridad.

2. Reconocimiento y Agradecimiento:

El reconocimiento y el agradecimiento son poderosas herramientas para fomentar un ambiente de trabajo positivo y motivador. Estas prácticas consisten en expresar aprecio por los esfuerzos y logros de los empleados y equipos. Sus beneficios incluyen:

- **Aumento de la Moral y el Compromiso:** Cuando los logros y esfuerzos de los empleados son reconocidos y apreciados, se sienten valorados y motivados a continuar trabajando duro.

- **Fortalecimiento de las Relaciones:** El reconocimiento y el agradecimiento fortalecen las relaciones entre empleados y líderes, creando un ambiente de trabajo más amigable y colaborativo.

- **Estímulo de un Rendimiento Continuo:** Cuando se reconoce el buen desempeño, se establece un estándar de excelencia que motiva a los empleados a superarse constantemente.

Ejemplo

Un gerente de ventas agradeció públicamente a su equipo por superar sus objetivos de ventas del trimestre con un discurso en una reunión. Además, otorga premios simbólicos y reconoce los esfuerzos individuales. Este gesto de reconocimiento y agradecimiento fortalece la moral del equipo y aumenta su motivación para el próximo trimestre.

3. Escucha Activa:

La escucha activa es una habilidad crucial en la comunicación positiva. Implica prestar atención genuina a lo que otros están diciendo, sin juzgar, interrumpir o formular respuestas antes de tiempo. Las ventajas de la escucha activa incluyen:

- **Mejora la Comprensión:** Escuchar activamente permite comprender plenamente las necesidades, preocupaciones y puntos de vista de los demás.

- **Resolución de Problemas Efectiva:** Al escuchar activamente, se pueden identificar problemas y desafíos de manera más efectiva, lo que facilita su resolución.

- **Fomenta la empatía:** La escucha activa muestra empatía hacia los demás, lo que fortalece las relaciones y crea un ambiente de apoyo.

Ejemplo

En una reunión de equipo, un empleado expresa su preocupación por la sobrecarga de trabajo. En lugar de descartar la preocupación, el líder escucha atentamente y busca soluciones para redistribuir la carga de trabajo de manera más equitativa. Esta escucha activa demuestra que la organización valora las opiniones y el bienestar de sus empleados.

Abordaje de la Comunicación Negativa y su Mitigación.

La comunicación negativa, caracterizada por la transmisión de noticias difíciles o conflictos no resueltos, puede tener un impacto perjudicial en una organización, afectando la moral de los empleados, la productividad y la reputación de la empresa. Para gestionar y mitigar la comunicación negativa, se requieren estrategias efectivas que aborden situaciones desafiantes de manera constructiva. A continuación, explicaremos en detalle cómo abordar esta comunicación y reducir su impacto negativo:

Comunicación de Malas Noticias.

Cuando una organización se enfrenta a la necesidad de comunicar noticias desafiantes, como recortes de personal, problemas financieros o cambios significativos en la estrategia, es esencial hacerlo de manera apropiada. Aquí están los pasos clave para abordar la comunicación de malas noticias:

Honestidad y Oportunidad: La honestidad es fundamental. La comunicación debe ser oportuna y clara. Retrasar la comunicación solo aumenta la incertidumbre y la desconfianza. Por ejemplo, si se prevén despidos, es mejor comunicarlos tan pronto como sea posible, en lugar de mantener a los empleados en la oscuridad.

Empatía y Apoyo: Muestra empatía hacia las personas afectadas por las malas noticias. Reconoce sus sentimientos y preocupaciones. Ofrece apoyo emocional y recursos para ayudarlos a lidiar con la situación. Esto puede incluir proporcionar información sobre asesoramiento o programas de transición laboral.

Proporcionar un Plan de Acción: Explica claramente el plan de acción y los próximos pasos. Si es posible, ofrece alternativas o soluciones para mitigar el impacto negativo. Esto puede incluir la reubicación de empleados, el desarrollo de programas de capacitación o la búsqueda de oportunidades de empleo alternativas.

Gestión de Conflictos.
La comunicación negativa a menudo surge de conflictos no resueltos en la organización. La gestión efectiva de conflictos es esencial para minimizar la comunicación negativa. Aquí hay pasos importantes a seguir:

Identificación Temprana: Detecta los conflictos en una etapa temprana antes de que escalen. Fomenta una cultura donde los empleados se sientan cómodos al informar problemas y preocupaciones.

Escucha Activa: Escucha a todas las partes involucradas para comprender sus perspectivas y preocupaciones. La escucha activa puede ayudar a encontrar soluciones que satisfagan a todas las partes.

Mediación y Resolución: En casos más complejos, considera la mediación o la intervención de recursos humanos. Estos procesos pueden ayudar a las partes en conflicto a llegar a un acuerdo y resolver problemas de manera constructiva.

Cambio Organizacional.

Durante períodos de cambio, como fusiones, adquisiciones o reestructuraciones, la comunicación efectiva es fundamental para minimizar la resistencia y la incertidumbre. Aquí están los enfoques clave para gestionar el cambio organizacional:

Comunicación Transparente: Comunica de manera abierta y honesta los motivos del cambio, los beneficios esperados y el impacto en los empleados. La falta de información puede llevar a la especulación y al miedo.

Involucración de los empleados: Invita a los empleados a participar en el proceso de cambio. Escucha sus preocupaciones y opiniones, y toma en cuenta sus ideas. Esto puede ayudar a generar un sentido de propiedad y colaboración.

Formación y Apoyo: Proporciona capacitación y recursos para ayudar a los empleados a adaptarse al cambio. Esto puede incluir programas de formación, mentoría y apoyo psicológico.

En resumen, el abordaje de la comunicación negativa y su mitigación requiere honestidad, empatía y una estrategia efectiva para manejar situaciones desafiantes. Al comunicar malas noticias, gestionar conflictos y gestionar el cambio organizacional de manera constructiva, las organizaciones pueden reducir el impacto negativo y construir una cultura de comunicación más saludable y resiliente.

Construcción de una Cultura de Comunicación Saludable en la Organización

Una cultura de comunicación saludable es un activo valioso para cualquier organización. Se caracteriza por un ambiente en el que la comunicación efectiva es valorada y promovida en todos los niveles. Aquí ampliaremos y desarrollaremos las estrategias clave para construir y fomentar una cultura de comunicación saludable:

Modelo de Comunicación desde Arriba:
Los líderes de la organización tienen un papel crítico en la construcción de una cultura de comunicación saludable.

Esto implica que los líderes deben ser modelos a seguir en términos de comunicación positiva y abierta. Algunas prácticas clave incluyen:

- **Claridad y Transparencia:** Los líderes deben comunicar de manera clara y transparente los objetivos, valores y expectativas de la organización. La falta de ambigüedad en la comunicación establece un estándar para todos los empleados.

- **Escucha Activa:** Los líderes deben practicar la escucha activa al prestar atención genuina a las preocupaciones y opiniones de los empleados. Esto muestra que valoran las voces de los demás.

- **Comunicación Bidireccional:** Fomentar la comunicación bidireccional, donde los empleados puedan proporcionar retroalimentación y hacer preguntas a los líderes, crea un ambiente de confianza y colaboración.

Ejemplo

El CEO de una empresa de tecnología realiza reuniones regulares con empleados de todos los niveles, donde escucha sus ideas y preocupaciones. Además, utiliza un lenguaje claro y accesible al comunicar los objetivos de la empresa y las estrategias a seguir.

Formación en Habilidades de Comunicación:

Para construir una cultura de comunicación saludable, es esencial proporcionar capacitación en habilidades de comunicación a empleados y líderes. Esto incluye:

- **Comunicación efectiva:** Enseñar a los empleados a comunicarse de manera efectiva, ya sea en reuniones, correos electrónicos o presentaciones. Esto ayuda a evitar malentendidos y conflictos.

- **Escucha Activa y Empatía:** Capacitar a los empleados en escucha activa y empatía promueve una comprensión más profunda de las necesidades y preocupaciones de los demás.

- **Comunicación Interpersonal:** Desarrollar habilidades para interactuar y comunicarse de manera efectiva con colegas, clientes y otros stakeholders es fundamental.

Ejemplo

Una empresa de servicios financieros ofrece talleres regulares de comunicación para todos los empleados, incluyendo sesiones sobre cómo dar y recibir retroalimentación constructiva y cómo manejar conversaciones difíciles con clientes.

Promoción de la Diversidad de Opiniones

La diversidad de opiniones es esencial para la innovación y la toma de decisiones informadas. Fomentar un ambiente donde se valoren las diferentes perspectivas y se aliente el debate constructivo puede enriquecer la cultura de comunicación. Algunas estrategias clave incluyen:

- **Cultura de Aceptación de Errores:** Promover la idea de que cometer errores es parte del proceso de aprendizaje y fomentar la comunicación abierta sobre los mismos.

- **Diversidad e Inclusión:** Garantizar que la organización valore y promueva la diversidad de opiniones y experiencias. Esto puede incluir la formación en diversidad e inclusión.

- **Plataformas de Feedback:** Ofrecer oportunidades para que los empleados proporcionen feedback de manera anónima o confidencial puede alentar a quienes pueden sentirse reacios a compartir sus opiniones abiertamente.

Ejemplo

Una empresa de tecnología establece un "día de innovación" mensual donde los empleados de todos los departamentos pueden proponer ideas y soluciones. Se celebra la diversidad de perspectivas y se recompensa la creatividad y la participación.

En resumen, construir una cultura de comunicación saludable requiere un compromiso continuo de líderes y empleados. Al modelar una comunicación positiva, proporcionar capacitación en habilidades de comunicación y promover la diversidad de opiniones, las organizaciones pueden crear un ambiente donde la comunicación efectiva sea la norma, lo que a su vez mejora la colaboración, la toma de decisiones y la productividad.

"En un mundo empresarial en constante evolución, la adaptación a las nuevas tecnologías y la comprensión de los principios fundamentales de la comunicación son cruciales para navegar por el camino de la claridad y el éxito."

Ejemplo en una Organización Empresarial

Imagina una empresa de tecnología que enfrenta un proyecto importante con plazos ajustados. La gerencia reconoce el desafío y decide comunicar de manera transparente a los empleados los desafíos y la importancia del proyecto. A medida que avanzan, reconocen públicamente los esfuerzos sobresalientes de los equipos y proporcionan actualizaciones regulares sobre el progreso. Los empleados se sienten valorados y comprometidos con el proyecto. Cuando surgen obstáculos, la empresa aborda los problemas de manera abierta y trabaja con los equipos para superarlos. Esta comunicación positiva crea un ambiente de trabajo saludable y mejora la productividad.

En contraste, una organización que oculta los problemas, no reconoce los logros y no aborda los conflictos internos puede experimentar una comunicación negativa que socava la moral y la eficacia de sus empleados.

En resumen, la comunicación efectiva, positiva y abierta es esencial para el éxito organizacional y la construcción de una cultura de comunicación saludable. Identificar prácticas positivas, abordar la comunicación negativa y fomentar una cultura de comunicación transparente son pasos clave en esta dirección.

Capítulo 4

Comunicación para el Desarrollo Humano y la Cultura Organizacional.

En este capítulo, explicaremos la importancia de la comunicación en el contexto del desarrollo humano y la cultura organizacional. La comunicación desempeña un papel esencial en la creación de un entorno donde los empleados puedan crecer, prosperar y contribuir al éxito de la organización.

La Comunicación como Impulsora del Compromiso de los Empleados.

La relación entre la comunicación efectiva y el compromiso de los empleados es un elemento clave en el éxito de cualquier organización. Una comunicación eficaz puede transformar la dinámica organizacional y mejorar el compromiso de los empleados de diversas maneras:

1. Comunicación Transparente:
La transparencia en la comunicación es esencial para construir la confianza de los empleados. Cuando la dirección comparte información relevante sobre los cambios, desafíos y éxitos de la organización, se crea un ambiente de apertura y honestidad. Esto tiene varios beneficios:

- **Confianza y Seguridad:** Los empleados se sienten más seguros y confiados cuando tienen una visión clara de la situación de la empresa. Saben que no se les oculta información crucial.

- **Compromiso y Alcance de Objetivos:** La comunicación transparente alinea a los empleados con los objetivos organizacionales, lo que a su vez aumenta su compromiso y la posibilidad de alcanzar metas compartidas.

- **Reducción de rumores y especulación:** La falta de información puede llevar a la propagación de rumores y especulaciones entre los empleados, lo que puede ser perjudicial para la moral y la productividad.

Ejemplo

Una empresa de medios digitales enfrenta un período de reestructuración debido a cambios en la industria. La dirección comunica abiertamente los motivos de la reestructuración, los planes de acción y el impacto previsto en los empleados. Esta transparencia evita la incertidumbre y ayuda a los empleados a entender la dirección de la empresa.

2. Escucha Activa:

La capacidad de los líderes y colegas para practicar la escucha activa es esencial para el compromiso de los empleados. La escucha activa implica prestar atención genuina a las preocupaciones, sugerencias y opiniones de los empleados, y responder de manera adecuada.

Algunos beneficios de la escucha activa incluyen:

- **Empoderamiento de los empleados:** Cuando los empleados sienten que sus voces son escuchadas y valoradas, se sienten empoderados para contribuir con ideas y soluciones.

- **Resolución de Problemas Eficiente:** La escucha activa permite identificar problemas y desafíos en una etapa temprana, lo que facilita su resolución antes de que se conviertan en problemas mayores.

- **Construcción de Relaciones:** La práctica de la escucha activa fortalece las relaciones entre líderes y empleados, creando un ambiente de trabajo más colaborativo.

Ejemplo

Un gerente de recursos humanos lleva a cabo reuniones individuales regulares con empleados para discutir sus inquietudes y aspiraciones profesionales. Esta práctica de escucha activa no solo fomenta la retención de empleados, sino que también permite a la organización identificar oportunidades para el desarrollo profesional.

3. Reconocimiento y Celebración:

El reconocimiento y la celebración de los logros y contribuciones de los empleados son elementos esenciales para reforzar su compromiso. Algunos aspectos destacados incluyen:

- **Motivación y Compromiso Continuo:** Reconocer públicamente los esfuerzos y éxitos de los empleados motiva a seguir contribuyendo de manera sobresaliente.

- **Fortalecimiento de la Moral:** El reconocimiento y la celebración refuerzan la moral de los empleados y crean un ambiente de trabajo positivo.

- **Cultura de Reconocimiento:** Fomentar una cultura donde el reconocimiento sea una práctica común puede tener un impacto duradero en el compromiso de los empleados.

Ejemplo

Una empresa de tecnología organiza reuniones trimestrales donde el CEO comparte actualizaciones sobre el desempeño de la empresa y los logros alcanzados. Además, se reconocen los éxitos de los equipos y se otorgan premios simbólicos. Esta comunicación transparente y el reconocimiento contribuyen al alto compromiso de los empleados.

Estrategias de Liderazgo Basadas en la Comunicación Efectiva.

El liderazgo efectivo y la comunicación van de la mano, y los líderes desempeñan un papel esencial en el desarrollo humano y el éxito de sus equipos. Las estrategias de liderazgo basadas en la comunicación efectiva son un pilar fundamental para el crecimiento y la cohesión del equipo. A continuación, explicaremos cómo estas estrategias pueden tener un impacto significativo en una organización:

1. Comunicación Inspiradora:
Los líderes que pueden inspirar a sus equipos a través de la comunicación clara y motivadora pueden lograr un alto compromiso y rendimiento. Algunas características clave de la comunicación inspiradora incluyen:

- **Visión Compartida:** Los líderes efectivos articulan una visión clara y emocionante del futuro. Esta visión debe ser compartida por todos los miembros del equipo, lo que les brinda un propósito común.

- **Motivación y Empatía:** Los líderes inspiradores se conectan emocionalmente con sus equipos. Comprenden las necesidades y aspiraciones de los empleados y utilizan ese entendimiento para motivar y guiar.

- **Comunicación Persuasiva:** La habilidad para comunicar de manera persuasiva es esencial. Los líderes deben ser capaces de vender su visión y convencer a otros de que es alcanzable.

Ejemplo

Un director ejecutivo de una organización sin fines de lucro realiza discursos inspiradores en los que comparte historias impactantes de cómo la organización ha cambiado vidas. Su habilidad para conectar la misión de la organización con el corazón de los empleados inspira un compromiso apasionado con la causa.

2. Feedback Constructivo:

Proporcionar feedback constructivo y orientación efectiva es esencial para el desarrollo de los empleados y el crecimiento del equipo. Algunos aspectos cruciales del feedback constructivo incluyen:

- **Honestidad y Claridad:** Los líderes deben comunicar de manera honesta y clara las áreas de mejora, así como los logros. Esto ayuda a los empleados a entender sus puntos fuertes y áreas de desarrollo.

- **Orientación y Apoyo:** Además de señalar áreas de mejora, los líderes deben ofrecer orientación y apoyo para que los empleados puedan mejorar y crecer.

- **Reconocimiento de Logros:** El feedback constructivo también debe incluir el reconocimiento de los logros. Esto refuerza un comportamiento positivo y motiva a los empleados.

Ejemplo

Un gerente de ventas brinda feedback constructivo a un miembro de su equipo después de una presentación de ventas. Destaca las fortalezas del empleado en la comunicación con el cliente y sugiere áreas específicas en las que puede mejorar, como el manejo de objeciones. El empleado utiliza esta retroalimentación para mejorar sus habilidades y aumentar su éxito en ventas.

3. Comunicación Abierta de Expectativas:

Establecer expectativas claras y comunicarlas abiertamente es fundamental para guiar a los empleados hacia el éxito. Algunos aspectos destacados de esta estrategia incluyen:

- **Definición de Objetivos:** Los líderes deben trabajar con los empleados para establecer objetivos claros y alcanzables. Esto proporciona una dirección clara y un marco para la evaluación del rendimiento.

- **Comunicación Continua:** La comunicación de expectativas no debe ser un evento único. Debe ser un proceso continuo en el que se revisen y ajusten las expectativas según sea necesario.

- **Feedback Regular:** Los líderes deben proporcionar feedback regular sobre el desempeño y cómo este se relaciona con las expectativas establecidas.

Ejemplo

Un director de operaciones comunica claramente las expectativas de seguridad y rendimiento a su equipo de producción. Realiza reuniones regulares para revisar el progreso y ofrece feedback sobre el cumplimiento de las normas de seguridad y la eficiencia en la producción. Esta comunicación continua garantiza que todos estén alineados con los objetivos y expectativas de la empresa.

Formación y Desarrollo de Habilidades de Comunicación para el Crecimiento Profesional.

La formación y el desarrollo de habilidades de comunicación son piedras angulares para el crecimiento profesional de los empleados en cualquier organización. La capacidad de comunicarse de manera efectiva es un activo valioso que no solo beneficia a los individuos en su carrera, sino que también contribuye al éxito de la organización en su conjunto. A continuación, profundizaremos en los elementos clave de esta estrategia y su impacto en el crecimiento profesional:

1. Capacitación en Comunicación:

La capacitación en comunicación es una inversión fundamental que permite a los empleados adquirir y mejorar una variedad de habilidades comunicativas esenciales. Algunos de los aspectos más destacados de esta capacitación incluyen:

- **Escucha Activa:** Aprender a escuchar con atención y comprensión es crucial para una comunicación efectiva. Los programas de capacitación pueden enseñar a los empleados a escuchar a sus colegas, clientes y superiores de manera más efectiva.

- **Presentación Efectiva:** La capacidad de comunicarse claramente y persuasivamente a través de presentaciones es esencial en muchos entornos profesionales. Los cursos de presentación pueden ayudar a los empleados a desarrollar estas habilidades.

- **Comunicación Escrita:** La comunicación escrita precisa y efectiva es clave en correos electrónicos, informes y documentos profesionales. La capacitación en escritura empresarial puede mejorar la claridad y la eficacia de la comunicación escrita.

Ejemplo

Una empresa de marketing ofrece a sus empleados un programa de capacitación en comunicación que incluye talleres sobre cómo redactar comunicados de prensa efectivos y cómo presentar propuestas a clientes de manera persuasiva. Esta capacitación mejora la calidad de la comunicación interna y externa, lo que beneficia a la empresa y a la carrera de los empleados.

2. Mentoría y Coaching:

La mentoría y el coaching son enfoques altamente efectivos para el desarrollo de habilidades de comunicación. Estos programas permiten que empleados más experimentados compartan su conocimiento y experiencia con aquellos que están buscando mejorar sus habilidades de comunicación. Algunos aspectos clave incluyen:

- **Mentoría Individual:** Un empleado más experimentado actúa como mentor para uno menos experimentado, brindando orientación personalizada y feedback.

- **Coaching de Grupo:** Sesiones de coaching en grupo donde se practican y refinan habilidades de comunicación a través de ejercicios y escenarios.

- **Desarrollo de Líderes de Comunicación:** Identificar y desarrollar líderes de comunicación dentro de la organización que pueden servir como modelos y entrenadores.

Ejemplo

En una firma de abogados, los abogados senior ofrecen mentoría a los recién llegados para ayudarlos a mejorar sus habilidades de comunicación, especialmente en situaciones como la representación en el tribunal o la negociación con clientes. Esto acelera el crecimiento profesional y mejora la calidad de los servicios legales proporcionados.

3. Desarrollo de Habilidades de Comunicación Interpersonal:

La comunicación interpersonal es fundamental en cualquier entorno de trabajo. Desarrollar habilidades efectivas para interactuar con colegas, clientes y otros stakeholders es esencial para el éxito profesional. Algunos aspectos destacados incluyen:

- **Gestión de Conflictos:** Aprender a manejar conflictos de manera efectiva y constructiva mejora las relaciones y la colaboración en el lugar de trabajo.

- **Habilidades de Negociación:** La capacidad de negociar acuerdos mutuamente beneficiosos es esencial en muchas profesiones. La formación en habilidades de negociación puede ser invaluable.

- **Construcción de Relaciones Profesionales:** Aprender a establecer y mantener relaciones profesionales sólidas es esencial para el crecimiento en la carrera.

Ejemplo

Una empresa de recursos humanos proporciona a sus empleados capacitación en habilidades de comunicación interpersonal que incluye técnicas de negociación, manejo de conflictos y desarrollo de relaciones profesionales. Esto mejora la capacidad de los empleados para interactuar efectivamente con candidatos y clientes, lo que beneficia tanto a su crecimiento profesional como a la empresa en general.

En resumen, la formación y el desarrollo de habilidades de comunicación son inversiones clave en el crecimiento profesional de los empleados y en el éxito organizacional. Estos programas mejoran la comunicación interna y externa, fortalecen las relaciones y permiten a los empleados sobresalir en sus roles, contribuyendo al progreso tanto individual como de la organización en su conjunto.

Capítulo 5

Comunicación Estratégica para el Desarrollo de Productos

La comunicación estratégica en el desarrollo de productos es un elemento crucial que impulsa la innovación y la eficiencia en las organizaciones. En este capítulo, exploraremos cómo la comunicación efectiva puede integrar equipos interdisciplinarios, optimizar la cadena de suministro y el ciclo de vida del producto, y llevar al éxito proyectos de desarrollo de productos. A continuación, analizaremos tres aspectos clave de este tema:

1. Integración de Equipos Interdisciplinarios mediante una Comunicación Eficiente:

En la compleja dinámica empresarial actual, la innovación y el desarrollo de productos a menudo requieren la colaboración de equipos interdisciplinarios. Estos equipos reúnen expertos de diferentes campos, como ingeniería, diseño, marketing, finanzas y más, con el objetivo de crear soluciones holísticas y competitivas en el mercado. Sin embargo, la mera existencia de equipos interdisciplinarios no garantiza el éxito. Es la comunicación estratégica lo que actúa como el pegamento que une a estos diversos talentos y los guía hacia una meta común.

La comunicación estratégica fomenta un ambiente en el que los miembros del equipo pueden compartir ideas, perspectivas y conocimientos de manera abierta y efectiva. Los ingenieros pueden transmitir desafíos técnicos a los diseñadores, quienes a su vez pueden traducir esas limitaciones en oportunidades creativas. Los expertos en marketing pueden proporcionar información crucial sobre las necesidades del cliente y las tendencias del mercado, lo que orienta el desarrollo del producto. Sin una comunicación efectiva, estos equipos interdisciplinarios podrían enfrentar obstáculos significativos debido a la falta de comprensión mutua y colaboración insuficiente.

Un ejemplo impactante de esta integración efectiva de equipos interdisciplinarios a través de la comunicación estratégica es el desarrollo de automóviles eléctricos de vanguardia. Estos proyectos requieren la colaboración de ingenieros eléctricos, diseñadores industriales, especialistas en baterías, expertos en software y estrategas de marketing. La comunicación efectiva entre estos equipos asegura que la tecnología innovadora se traduzca en vehículos atractivos y funcionales que satisfagan las expectativas del mercado. Cada miembro del equipo aporta sus conocimientos específicos, y la comunicación estratégica permite que estos conocimientos se fusionen en una solución cohesiva que revolucione la industria automotriz.

En resumen, la integración de equipos interdisciplinarios es esencial para la innovación en el desarrollo de productos, pero solo a través de la comunicación estratégica se pueden aprovechar plenamente los conocimientos y habilidades de estos equipos diversos. La comunicación efectiva crea un terreno común donde las ideas pueden fluir libremente y las barreras disciplinarias se desvanecen, permitiendo así la creación de productos que cambian el juego en sus respectivas industrias.

2. Comunicación en la Cadena de Suministro y Ciclo de Vida del Producto:

El proceso de desarrollo de un producto abarca mucho más allá de su concepción inicial y diseño. Desde la adquisición de materias primas hasta su entrega al cliente final y su eventual retiro del mercado, cada etapa del ciclo de vida del producto es crítica y está interconectada. En este contexto, la comunicación estratégica desempeña un papel esencial para garantizar una gestión eficiente y efectiva de la cadena de suministro y el ciclo de vida del producto.

En el desarrollo de productos, la cadena de suministro es la columna vertebral que conecta los elementos esenciales, como proveedores de materias primas, fabricantes, centros de distribución y puntos de venta. La comunicación estratégica facilita la coordinación fluida entre estos actores clave. Un ejemplo ilustrativo se encuentra en una empresa de alimentos que lanza un nuevo producto. Los proveedores de ingredientes deben ser notificados de las cantidades y fechas de entrega necesarias, los fabricantes deben ajustar sus procesos de producción para satisfacer la demanda y los equipos de logística deben asegurarse de que los productos lleguen a los puntos de venta a tiempo. La comunicación efectiva y oportuna en cada etapa de la cadena de suministro es crucial para evitar retrasos, garantizar la calidad del producto y satisfacer las expectativas del cliente.

El ciclo de vida del producto, que comprende las etapas de introducción, crecimiento, madurez y declive, también se beneficia enormemente de la comunicación estratégica. En cada fase, los equipos de desarrollo de productos, marketing y ventas deben colaborar estrechamente para adaptarse a las cambiantes condiciones del mercado y las demandas del cliente. Por ejemplo, durante la etapa de introducción, la comunicación estratégica puede ayudar a generar conciencia sobre el nuevo producto y establecer su posición en el mercado. Más adelante, en la etapa de madurez, la comunicación estratégica puede centrarse en la fidelización del cliente y la diferenciación del producto frente a la competencia.

En resumen, la comunicación estratégica en la cadena de suministro y el ciclo de vida del producto es esencial para garantizar la eficiencia operativa y el éxito en el mercado. Los ejemplos de empresas que gestionan eficazmente la comunicación en estas áreas demuestran cómo una gestión coordinada y una comunicación efectiva en cada etapa del proceso pueden traducirse en productos de alta calidad, entregados a tiempo y adaptados a las necesidades del mercado en constante evolución.

3. Ejemplos de Casos Exitosos de Comunicación en el Desarrollo de Productos:

Para comprender plenamente el impacto de la comunicación estratégica en el desarrollo de productos, es esencial explorar ejemplos concretos de organizaciones que han logrado un éxito notable gracias a una comunicación efectiva. Estos casos de estudio ilustran cómo la comunicación estratégica puede ser un factor determinante en la creación y lanzamiento exitoso de productos innovadores.

Apple y el iPhone:

Apple es ampliamente reconocida por su capacidad para revolucionar industrias enteras a través de productos innovadores. El lanzamiento del iPhone en 2007 es un ejemplo icónico de cómo la comunicación estratégica puede transformar un producto en un fenómeno cultural. Apple no solo diseñó un dispositivo revolucionario, sino que también comunicó su visión de manera magistral. La presentación de Steve Jobs en el lanzamiento del iPhone fue un acto de comunicación estratégica en sí mismo. Jobs enfatizó no solo las características técnicas, sino también cómo el iPhone cambiaría la vida de las personas. Esta comunicación efectiva conectó emocionalmente con el público, generando un entusiasmo sin precedentes y catapultando al iPhone a un éxito fenomenal.

Tesla y el Model 3:

Tesla, la empresa de vehículos eléctricos de Elon Musk, ha utilizado la comunicación estratégica para transformar la industria automotriz. El lanzamiento del Model 3, un vehículo eléctrico asequible, es un ejemplo impresionante de cómo la comunicación efectiva puede generar una gran anticipación y demanda. Musk utilizó las redes sociales y eventos en vivo para comunicar las actualizaciones del desarrollo del Model 3, involucrando a la comunidad de seguidores y posibles compradores en el proceso. Esta estrategia no solo creó entusiasmo sino que también permitió a Tesla recopilar valiosos datos e información de los clientes antes del lanzamiento. La comunicación continua y transparente en todas las etapas del desarrollo del producto convirtió al Model 3 en un éxito de ventas y cambió la percepción de los vehículos eléctricos en la industria automotriz.

Coca-Cola y la Innovación de Bebidas:

Coca-Cola es un gigante en la industria de las bebidas y ha utilizado la comunicación estratégica para diversificar y expandir su cartera de productos. La empresa ha innovado constantemente en el desarrollo de nuevos sabores y formatos de bebidas. La clave de su éxito radica en la capacidad de comunicar estas innovaciones de manera efectiva al público. Utilizan estrategias de marketing creativas y campañas publicitarias impactantes para presentar nuevos productos. Por ejemplo, cuando Coca-Cola lanzó Coca-Cola Zero Sugar, lo hizo con una campaña de marketing que destacaba su sabor idéntico al original sin calorías. Esta comunicación estratégica ayudó a atraer a consumidores que buscaban una alternativa más saludable sin sacrificar el sabor.

En resumen, estos ejemplos destacados de comunicación estratégica en el desarrollo de productos demuestran cómo la forma en que se comunica un producto puede ser tan importante como el producto en sí. La habilidad para conectar con los clientes, crear expectación y demostrar el valor de un producto a través de una comunicación efectiva es un diferenciador clave en el mercado altamente competitivo de hoy en día. Estos casos de éxito son testimonio de cómo la comunicación estratégica puede impulsar el éxito de un producto y una marca.

Capítulo 6

Comunicación alineada con Objetivos Claros y Estrategias Organizacionales

La comunicación efectiva en una organización no es un fin en sí misma, sino un medio para alcanzar metas y objetivos claros. En este capítulo, veremos cómo la comunicación puede estar alineada con los objetivos organizacionales, fomentar la cohesión entre equipos y departamentos, y cómo evaluar y ajustar continuamente las estrategias de comunicación.

Estrategias de Comunicación en Línea con los Objetivos Organizacionales:

La comunicación estratégica es la brújula que guía a una organización hacia el éxito. Su poder radica en su capacidad de estar intrínsecamente conectada con los objetivos organizacionales. Esto implica que cada palabra pronunciada, cada mensaje transmitido y cada canal de comunicación utilizado están meticulosamente diseñados para avanzar hacia metas específicas y tangibles.

Imaginemos una empresa que se ha propuesto el ambicioso objetivo de aumentar sus ventas en un 20% durante el próximo año. En este escenario, la comunicación se convierte en un vehículo estratégico para lograr este propósito. Cada aspecto de la estrategia de comunicación se alinea con esta meta fundamental. Los mensajes se enfocan en impulsar la adquisición de nuevos clientes, inspirar la lealtad de los clientes existentes y resaltar de manera convincente los productos o servicios clave que impulsarán ese crecimiento del 20%.

Esta alineación entre la comunicación y los objetivos organizacionales crea una dirección clara para todos los esfuerzos comunicativos. Cada comunicación se convierte en un paso deliberado hacia el logro de la meta, en lugar de una acción aislada. La estrategia de comunicación se convierte en una herramienta poderosa y cohesionada que impulsa a la organización hacia adelante, guiándola en cada paso del camino hacia el éxito deseado. En última instancia, la comunicación estratégica se convierte en el hilo conductor que conecta los objetivos organizacionales con la acción concreta y efectiva.

Uso de la Comunicación para Fomentar la Alineación de Equipos y Departamentos:

La comunicación efectiva dentro de una organización es como el tejido conectivo que une todos los componentes de una maquinaria compleja. Si bien es esencial que la comunicación fluya desde la alta dirección hacia los empleados, es igualmente crucial que la comunicación se extienda horizontalmente para fomentar una alineación sin fisuras entre equipos y departamentos. Esta alineación horizontal es la clave para evitar que se formen "silos" organizacionales, donde los equipos operan de manera aislada y se desconectan de los objetivos generales de la empresa.

Un ejemplo concreto de la necesidad de comunicación interdepartamental efectiva se encuentra en la colaboración entre el equipo de ventas y el equipo de marketing. Estos dos departamentos desempeñan roles interdependientes en la generación de ingresos y el crecimiento de la empresa. La comunicación eficaz entre ellos es esencial para garantizar que los mensajes promocionales y las estrategias de marketing estén perfectamente alineados con lo que los vendedores están ofreciendo a los clientes en el terreno. Si la comunicación entre estos equipos falla, podría resultar en una desconexión perjudicial entre la promesa de marketing y la entrega de ventas, lo que afectaría negativamente la satisfacción del cliente y los resultados financieros.

La comunicación efectiva en esta dirección horizontal promueve una comprensión compartida de los objetivos y estrategias organizacionales. Cuando los equipos y departamentos se mantienen al tanto de las iniciativas y las metas mutuas, pueden trabajar de manera armoniosa hacia un objetivo común. Esto impulsa un rendimiento organizacional más sólido y cohesivo, donde todos los esfuerzos convergen en la realización de los objetivos de la organización. Además, fomenta una cultura de colaboración y apoyo mutuo, lo que puede tener un impacto positivo en la moral de los empleados y en el clima laboral.

En resumen, la comunicación interdepartamental efectiva es un elemento esencial en la búsqueda del éxito organizacional. Al promover una alineación sólida entre equipos y departamentos, la comunicación garantiza que todos los esfuerzos estén dirigidos hacia los mismos objetivos y estrategias, lo que a su vez impulsa un rendimiento más sólido y una cultura de colaboración en toda la organización.

Evaluación de Resultados y Adaptación Continua de Estrategias de Comunicación:

La comunicación estratégica es dinámica y resiliente, respondiendo con agilidad a las cambiantes condiciones del entorno empresarial y los desafíos que surgen en el camino. A diferencia de un enfoque estático, donde las estrategias se mantienen inalteradas, la comunicación estratégica abraza la necesidad de evolucionar y adaptarse en función de los resultados obtenidos y los cambios en el panorama empresarial.

La evaluación constante es el motor que impulsa esta adaptación continua. Sin una evaluación exhaustiva y regular, es imposible determinar si las estrategias de comunicación están cumpliendo con los objetivos organizacionales. Supongamos que una organización tenía como objetivo mejorar la satisfacción del cliente a través de sus iniciativas de comunicación. Si las métricas de satisfacción del cliente no muestran mejoras significativas a pesar de los esfuerzos de comunicación, esto se convierte en una señal crítica para la organización. Aquí es donde entra en juego la adaptación.

La capacidad de adaptarse y aprender de los resultados es una habilidad fundamental para el éxito continuo de la comunicación organizacional. Significa estar dispuesto a cuestionar suposiciones, a explorar nuevas estrategias y a ajustar el enfoque según sea necesario. En lugar de aferrarse obstinadamente a una estrategia que no está funcionando, las organizaciones exitosas están dispuestas a ser flexibles y a pivotar en función de lo que los datos y la retroalimentación del mercado les dicen.

Un ejemplo ilustrativo de este proceso de adaptación continua es una empresa de tecnología que lanza un nuevo producto al mercado. Inicialmente, la estrategia de comunicación se centra en destacar las características técnicas del producto. Sin embargo, después de una evaluación cuidadosa, la empresa descubre que los clientes están más interesados en los beneficios prácticos que ofrece el producto en lugar de las especificaciones técnicas. En respuesta, ajustan su estrategia de comunicación para centrarse en cómo el producto puede resolver los problemas y necesidades de los clientes. Esta adaptación basada en la evaluación lleva a un aumento significativo en la aceptación del producto en el mercado.

En resumen, la evaluación de resultados y la adaptación continua de estrategias de comunicación son esenciales para mantener la relevancia y la eficacia en un entorno empresarial en constante cambio. La capacidad de aprender de los resultados, cuestionar suposiciones y ajustar el enfoque es lo que distingue a las organizaciones que prosperan en su comunicación estratégica y continúan alcanzando sus objetivos organizacionales a lo largo del tiempo.

La comunicación estratégica no puede ser un esfuerzo aislado en una organización. Debe estar arraigada en los objetivos organizacionales, fomentar la colaboración entre equipos y departamentos, y ser lo suficientemente ágil como para adaptarse a las cambiantes circunstancias y resultados.

Capítulo 7

Comunicación en el Futuro: Tendencias y Desafíos

El capítulo final de nuestro libro nos sumerge en el emocionante mundo de la comunicación empresarial del futuro. A medida que el panorama empresarial y tecnológico continúa evolucionando, es fundamental estar al tanto de las tendencias emergentes y los desafíos que se avecinan en el horizonte. Este capítulo abordará las tendencias actuales y anticipadas en la comunicación empresarial, los desafíos que las organizaciones pueden esperar enfrentar y cómo la comunicación seguirá transformándose en el mundo empresarial.

Tendencias Emergentes en Comunicación Empresarial (Tecnológicas, Culturales, etc.):

El futuro de la comunicación empresarial se encuentra en constante evolución, impulsado por avances tecnológicos, cambios culturales y nuevas formas de interacción. Por ejemplo, la adopción generalizada de la inteligencia artificial y la automatización está transformando la manera en que las organizaciones se comunican con sus clientes y empleados. Chatbots, asistentes virtuales y análisis de datos avanzados están siendo empleados para personalizar y agilizar la comunicación.

Además, la cultura de la diversidad e inclusión está influyendo en la forma en que se comunica dentro de las organizaciones. La comunicación inclusiva se está volviendo una prioridad para muchas empresas, reconociendo la importancia de respetar y valorar las diferencias culturales y de género.

Otra tendencia importante es la creciente importancia de la comunicación visual. Plataformas como Instagram, TikTok y YouTube están cambiando la forma en que las empresas se conectan con sus audiencias, utilizando contenido visual y videos en lugar de comunicaciones escritas tradicionales.

Desafíos Anticipados y Cómo las Organizaciones Pueden Prepararse:

Si bien las tendencias emergentes ofrecen oportunidades emocionantes, también plantean desafíos. La ciberseguridad se ha convertido en una preocupación central en la era digital, y las organizaciones deben estar preparadas para proteger sus datos y garantizar la confidencialidad de la información.

Además, la gestión de la sobrecarga de información es un desafío creciente. Con la explosión de datos y la cantidad de información disponible, las organizaciones deben encontrar formas efectivas de filtrar, priorizar y presentar información relevante.

La globalización y la comunicación en un mundo interconectado también plantean desafíos en términos de diversidad cultural y gestión de la comunicación en múltiples idiomas y contextos culturales.

La Evolución Continua de la Comunicación en el Mundo Empresarial:

En última instancia, la comunicación empresarial seguirá evolucionando para adaptarse a un entorno empresarial en constante cambio. Las organizaciones deben ser ágiles y estar dispuestas a abrazar nuevas tecnologías y enfoques para la comunicación. La capacidad de adaptación y aprendizaje constante será un activo clave en la comunicación del futuro.

En resumen, el capítulo final de nuestro libro explora las tendencias emergentes, los desafíos anticipados y la evolución continua de la comunicación en el mundo empresarial. Al mantenerse al tanto de estas tendencias y prepararse para los desafíos, las organizaciones pueden aprovechar al máximo la comunicación en constante cambio y mantenerse relevantes en un mundo empresarial en evolución.

Conclusión

Impulsando el Éxito Empresarial a través de la Comunicación Estratégica

A lo largo de este libro, hemos explorado en detalle los aspectos clave de la comunicación empresarial y su papel fundamental en el éxito de las organizaciones modernas. Hemos desglosado temas como la comunicación positiva y negativa, la comunicación para el desarrollo humano y la cultura organizacional, la comunicación estratégica para el desarrollo de productos y la alineación con objetivos claros y estrategias organizacionales. Estos puntos de enfoque han delineado un camino claro hacia la construcción y transformación de la comunicación empresarial.

Comunicación Positiva y Negativa: Impacto y Estrategias. Hemos entendido que la comunicación positiva, caracterizada por la claridad, la honestidad y la empatía, es una fuerza impulsora para construir relaciones sólidas, fomentar la confianza y mejorar el compromiso de los empleados. Al reconocer y recompensar los logros y al mantener canales abiertos de comunicación, las organizaciones pueden cultivar un ambiente de trabajo saludable y productivo. Por otro lado, la comunicación negativa debe ser manejada con cuidado, con una comunicación honesta y empática al comunicar malas noticias, gestionar conflictos y durante períodos de cambio organizacional.

Comunicación para el Desarrollo Humano y la Cultura Organizacional

La comunicación también ha demostrado ser una herramienta poderosa para impulsar el compromiso de los empleados y promover un ambiente de trabajo enriquecedor. La capacitación en habilidades de comunicación y el liderazgo basado en la comunicación efectiva son fundamentales para el crecimiento profesional y el desarrollo de una cultura organizacional saludable. Al promover la escucha activa y la diversidad de opiniones, las organizaciones pueden fomentar la innovación y la toma de decisiones más sólidas.

Comunicación Estratégica para el Desarrollo de Productos Hemos explorado cómo la comunicación desempeña un papel vital en el desarrollo y lanzamiento de productos. La integración efectiva de equipos interdisciplinarios y la comunicación en la cadena de suministro y ciclo de vida del producto son esenciales para el éxito en este ámbito. Ejemplos de casos exitosos han demostrado cómo la comunicación estratégica puede impulsar la aceptación y el rendimiento de productos en el mercado.

Comunicación Alineada con Objetivos Claros y Estrategias Organizacionales

Finalmente, hemos subrayado la importancia de que la

comunicación esté alineada con los objetivos organizacionales. La comunicación estratégica debe ser diseñada específicamente para avanzar hacia metas concretas. Esto implica asegurar que cada mensaje y acción comunicativa contribuyan a los objetivos generales de la organización.

Énfasis en la Importancia de la Comunicación Efectiva en el Éxito Empresarial:

A lo largo de este libro, hemos enfocado constantemente nuestra atención en el papel crítico que desempeña la comunicación efectiva en el éxito empresarial. Hemos destacado cómo la comunicación impacta la moral de los empleados, la satisfacción del cliente, la reputación de la marca y la eficiencia operativa. En cada capítulo, hemos explorado cómo la comunicación puede ser un impulsor positivo o negativo del desempeño organizacional. Esto no es un detalle trivial, sino una verdad fundamental que todas las organizaciones deben abrazar.

La comunicación efectiva no es un mero accesorio en la estrategia empresarial; es el cimiento sobre el cual se construye el éxito. Es el medio a través del cual se transmiten las visiones, se establecen las expectativas, se resuelven los conflictos y se construyen relaciones sólidas. Hemos reforzado la idea de que la comunicación debe ser una prioridad estratégica en todas las organizaciones, desde las startups emergentes hasta las multinacionales consolidadas.

Invitación a la Acción y a la Implementación de Estrategias de Comunicación:

Finalmente, este libro no se trata solo de la teoría, sino de la acción. Hemos proporcionado información detallada, ejemplos concretos y estrategias prácticas para que los líderes y profesionales de la comunicación las apliquen en sus organizaciones. Hemos insistido en que la transformación comunicacional requiere un compromiso activo y una implementación constante de las estrategias discutidas.

La comunicación efectiva es un proceso dinámico y en constante evolución. Por lo tanto, nuestra invitación final es a la acción. Les instamos a tomar medidas concretas para mejorar la comunicación en sus organizaciones. Esto implica la capacitación en habilidades de comunicación, la revisión de procesos de comunicación interna y externa, la adopción de nuevas tecnologías y la creación de una cultura organizacional que valore y fomente la comunicación efectiva.

La comunicación es el enlace vital que conecta los objetivos empresariales con la realidad cotidiana. La implementación de estrategias de comunicación sólidas es la clave para convertir esa visión en acción y para lograr resultados tangibles. El éxito empresarial del futuro dependerá en gran medida de cómo se aborden los desafíos y las oportunidades de la comunicación en constante cambio. En última instancia, la comunicación efectiva es el vehículo que impulsa a las organizaciones hacia un futuro más sólido y exitoso.

Recursos para Mejorar la Comunicación en Organizaciones

En este apéndice, proporcionamos una valiosa colección de recursos adicionales, plantillas y herramientas que pueden ser utilizadas para fortalecer y mejorar la comunicación en las organizaciones. Estos recursos están diseñados para ayudar a los líderes, profesionales de la comunicación y equipos a implementar estrategias efectivas y a abordar desafíos comunes de manera más eficiente.

1. Plantilla de Plan Estratégico de Comunicación:
Una plantilla que guía a las organizaciones en la creación de un plan estratégico de comunicación. Incluye secciones para establecer objetivos, identificar audiencias clave, seleccionar canales de comunicación y medir resultados.

2. Guía de Comunicación Interna:
Una guía detallada que ofrece consejos y mejores prácticas para mejorar la comunicación interna en la organización. Incluye sugerencias sobre cómo fomentar la transparencia, la participación de los empleados y la colaboración entre equipos.

3. Herramienta de Evaluación de Comunicación:
Una herramienta interactiva que permite a las organizaciones evaluar la efectividad de su comunicación interna y externa. Ayuda a identificar áreas de mejora y a

establecer prioridades para futuras estrategias.

4. Plantilla de Encuesta de Satisfacción del Empleado:
Una plantilla que facilita la recopilación de comentarios de los empleados sobre la comunicación en la organización. Puede ayudar a identificar áreas de fortaleza y debilidad en la comunicación interna.

5. Recursos de Capacitación en Comunicación:
Una lista de recursos en línea, cursos y libros recomendados para mejorar las habilidades de comunicación tanto a nivel individual como organizacional. Incluye opciones para el desarrollo de habilidades de presentación, escritura efectiva y comunicación interpersonal.

6. Herramientas de Comunicación en Línea:
Una recopilación de herramientas tecnológicas y plataformas que pueden mejorar la comunicación en línea y la colaboración entre equipos. Incluye aplicaciones de mensajería, videoconferencia y gestión de proyectos.

7. Ejemplos de Políticas de Comunicación:
Una selección de ejemplos de políticas de comunicación interna y externa utilizadas por organizaciones líderes. Estas políticas pueden servir como referencia al desarrollar políticas personalizadas para su propia organización.

8. Guía de Comunicación en Crisis:
Una guía que proporciona pasos y consejos para gestionar

la comunicación durante situaciones de crisis. Incluye recomendaciones sobre cómo manejar la comunicación de manera efectiva para proteger la reputación de la organización.

9. Recursos de Comunicación Culturalmente Sensible:
Una lista de recursos y herramientas para ayudar a las organizaciones a comunicarse de manera efectiva en un entorno multicultural. Incluye consejos sobre la adaptación de mensajes y estrategias a diferentes contextos culturales.

Esta estructura de libro proporciona una guía lógica y clara para abordar los aspectos fundamentales de la comunicación en las organizaciones modernas, desde los conceptos básicos hasta las tendencias futuras, y ofrece consejos prácticos y ejemplos para una mejor comprensión y aplicación.

"Este libro desvela el poder transformador de la comunicación efectiva, demostrando cómo las organizaciones pueden convertir el caos en claridad, reducir costos y tiempos, y lograr objetivos con precisión a través de una comunicación estratégica y eficiente."

Acerca del autor.

El autor de este libro, Max H Lucca, es un experimentado profesional con una carrera que abarca dos décadas en la gestión de equipos de tecnología de la información (IT). Su trayectoria como emprendedor y su trabajo con diversas empresas en la gestión de la transformación, dirección de proyectos tecnológicos y la aplicación de nuevas metodologías lo han convertido en un referente en su campo. Durante su carrera, ha participado en proyectos en una variedad de sectores, desde retailers hasta bancos y moda. Ha liderado la implementación de nuevos desarrollos, la creación de soluciones innovadoras y la mejora de las comunicaciones internas y externas.

Lo que lo distingue es su capacidad para gestionar proyectos de todas las dimensiones y su habilidad para introducir cambios radicales en la construcción de equipos de trabajo. Ha sido un impulsor incansable de la creación de células autosuficientes y altamente dinámicas, lo que ha llevado a una reducción significativa en los tiempos de entrega de objetivos. Su enfoque también se ha centrado en cambiar la mentalidad de los equipos para que estén más orientados a agregar valor al producto y al cliente.

A lo largo de su carrera, Max ha sido un estudioso y autodidacta en la gestión empresarial, estudiando y analizando cada caso en cada empresa y proyecto. Ha demostrado una capacidad única para adaptar metodologías a las necesidades específicas de cada organización y equipo de trabajo. La cultura de la comunicación ha sido una constante en su enfoque, permitiéndole transformar la forma en que se trabaja en las organizaciones y mejorar continuamente los procesos y la colaboración.

Los conocimientos adquiridos por Max a lo largo de su carrera se han aplicado de manera práctica y efectiva en cada proyecto, lo que ha llevado a perfeccionar sus métodos y enfoques día a día.

Este libro es el resultado de su experiencia y esfuerzo continuo para compartir sus conocimientos y ayudar a otras organizaciones a lograr cambios significativos en sus estructuras empresariales. A través de este libro, Max busca destacar la importancia de la transformación organizacional para obtener resultados diferentes, añadir un mayor valor, reducir tiempos y costos, y alcanzar el éxito en un mundo empresarial en constante evolución. Su historia es una fuente de inspiración y aprendizaje para todos aquellos interesados en liderar el cambio y la innovación en sus propias organizaciones.

Hoja de ruta:
In: www.linkedin.com/in/maxilucca

Max H Lucca

Bibliografía:

Aquí tienes una lista de libros y recursos adicionales que complementarán y enriquecerán la lectura de los temas tratados en este libro sobre comunicación en organizaciones modernas:

Comunicación Empresarial:

"The Art of Communicating" de Thich Nhat Hanh: Una obra que explora la comunicación consciente y efectiva en todos los aspectos de la vida, incluyendo el ámbito empresarial.

Comunicación Organizacional:

"Organizational Communication: Approaches and Processes" de Katherine Miller y Joshua Barbour: Ofrece una comprensión detallada de la comunicación en las organizaciones, con enfoque en las teorías y procesos.
"The Handbook of Organizational Communication" editado por Frederic M. Jablin y Linda L. Putnam: Un recurso completo que aborda diversos aspectos de la comunicación organizacional, desde la teoría hasta la práctica.

Comunicación Interna:

"Employee Communication During Mergers and Acquisitions" de Deniz S. Ones y Stephan Dilchert: Explora la importancia de la comunicación interna durante períodos de cambio organizacional, como fusiones y adquisiciones.

Comunicación en Liderazgo:

"Leaders Eat Last: Why Some Teams Pull Together and Others Don't" de Simon Sinek: Examina cómo el liderazgo y la comunicación efectiva pueden influir en la cultura organizacional y la satisfacción de los empleados.

Comunicación Estratégica:

"Strategic Communication: Origins, Concepts, and Current Debates" editado por Kristina Hook y Jesper Falkheimer: Ofrece una visión profunda de la comunicación estratégica en diferentes contextos y sectores.

Comunicación en Crisis:

"Crisis Communication: Theory and Practice" de Alan Jay Zaremba: Explora cómo las organizaciones deben comunicarse durante situaciones de crisis y cómo gestionar la reputación en momentos difíciles.

Comunicación en el Futuro. Tendencias y Desafíos:

"The New Rules of Marketing and PR: How to Use
Social Media, Online Video, Mobile Applications,
Blogs, News Releases, and Viral Marketing to Reach
Buyers Directly" de David Meerman Scott: Aborda las
tendencias actuales y futuras en marketing y
relaciones públicas, que están estrechamente
relacionadas con la comunicación empresarial.

Estos libros ofrecen una amplia gama de perspectivas y
conocimientos adicionales sobre la comunicación en
organizaciones contemporáneas. Pueden ayudarte a
profundizar en los temas presentados en tu libro y
enriquecer tu comprensión de la comunicación en el
contexto empresarial.

Dentro de la lectura y guía práctica, más libros sobre este autor:

1. El cambio en la gestión empresarial.

2. La organización de equipos multidisciplinarios.

3. Comunicación Efectiva en Organizaciones Modernas: Del Caos a la Claridad.

4. Black Book of Scrum. La guía definitiva.

Leaderships Evolves

by Max H Lucca

www.ingramcontent.com/pod-product-compliance
Lightning Source LLC
Chambersburg PA
CBHW072330290526
45794CB00002B/815